AF586860

LA DAME DE LAVAL,

DRAME EN TROIS ACTES ET EN SIX TABLEAUX,

PAR

MM. MAILLAN ET LEGOYT;

Représenté pour la première fois, à Paris, sur le théâtre de l'Ambigu-Comique, en novembre 1835.

DISTRIBUTION DE LA PIÈCE :

Le comte DE CHATEAUBRIAND	M. Guyon.
FRANÇOIS Ier	M. Albert.
L'amiral BONNIVET	M. Constant.
TARTARIN	M. Cullier.
LE CHAPELAIN	M. Thénard.
La comtesse DE CHATEAUBRIAND	Mme Gauthier.
Un Page	Mlle Sophie.
Le comte DE VENDOME	M. Émile.
Le comte DE SAINT-POL	M. Saillard.
EDITH, suivante de la comtesse	Mlle Héloïse.
Un Huissier	M. Vigel.
Un Gentilhomme.	
Le chancelier DUPRAT; Dames d'honneur, Gentilshommes, Pages; Hommes d'armes, Écuyers, etc., etc.,	personnages muets.

La scène se passe au commencement du seizième siècle.

ACTE PREMIER.

PREMIER TABLEAU.

Au manoir de Laval. Une salle gothique; au fond, une large fenêtre à balcon.

SCÈNE I.

LA COMTESSE, assise; EDITH, debout derrière elle, puis LE COMTE.

EDITH.

Au nom du ciel et de votre sainte patronne, reprenez courage, madame, et faites trève à vos douleurs, car voici le comte votre époux.

LA COMTESSE, courant au comte.

Monseigneur!...

LE COMTE, entrant, à Edith.

Sortez, et qu'on me prévienne lorsque tout sera prêt pour le départ.

LA COMTESSE.

Parti!...

LE COMTE.

Il le faut, madame. Le lendemain de la bataille de Marignan, où je fus blessé en défendant notre sire le roi François Ier, le roi vint courtoisement à moi et me dit : Comte de Châteaubriand, retournez à votre manoir de Laval auprès de l'héritière de Foix, votre noble épouse; allez chercher dans le repos la guérison des glorieuses blessures reçues à notre service; mais souvenez-vous que, si jamais nous revoyons la terre de France, nous voulons trouver tout d'abord, debout sur le seuil de notre palais du Louvre, un brave à qui le premier nous donnions bonne et franche accolade, vous, enfin! Or, madame, l'instant est arrivé que j'aille attendre au Louvre le roi

François Ier; car voici qu'il a repassé la frontière d'Italie, et qu'il marche en pompeux cortége vers sa bonne ville de Paris.

LA COMTESSE.

Paris, qui retentira bientôt de joyeuses clameurs! Paris, théâtre de fêtes et de plaisirs! Ah! monseigneur, pourquoi votre volonté de fer me condamne-t-elle à rester ici captive, tandis que mon rang et mon hymen m'assurent à la cour des jours riches d'éclat et d'hommages?... Que de bonheur, que d'ivresse, pour les nobles épouses de tant d'autres chevaliers et gentilshommes non moins jaloux que vous de la pureté de leurs blasons! Mais où sont donc les dangers, les fatales séductions? mon esprit les cherche en vain au milieu des danses, des banquets, des tournois, et s'étonne de ne voir partout qu'innocents plaisirs et doux enchantements... Quel abîme caché sous les fleurs?

LE COMTE.

Celui où s'engloutissent la sagesse des femmes et l'honneur des hommes... La cour d'aujourd'hui n'est plus celle d'autrefois... Les vertus austères sont descendues dans le cercueil avec notre bien-aimé Louis douzième.

LA COMTESSE.

Et vous croyez que notre sire François Ier, son successeur... ? Ah! monseigneur, qu'osez-vous penser? toutes les renommées sont pleines de sa gloire et de ses hauts faits; vous-même ne l'avez-vous pas proclamé le plus accompli des chevaliers?...

LE COMTE.

J'ai fait plus, madame, je me suis dévoué corps et ame à son service... (Tirant son gantelet.) Cette main que j'ai fait vœu de ne découvrir jamais de son gantelet que pour vous et pour lui, ne reçut-elle pas la pointe d'une épée qui cherchait sa poitrine?... Mais les passions sont reines dans l'ame du roi François, et la couronne éblouit plus d'un regard... J'ai vos vertus en haute estime sans doute, et je suis plein de confiance en la sainteté des nœuds qui nous unissent; mais je vous aime, madame, de toutes les puissances de mon ame, et les soins coupables d'un homme, fût-il prince ou roi, exciteraient en moi de furieux orages.

SCÈNE II.

LES MÊMES, TARTARIN, LE CHAPELAIN; SUITE DU COMTE.

LE COMTE, au chapelain.

Bonjour, mon père... Eh bien! Tartarin, mon fidèle écuyer, tout est-il prêt?

TARTARIN.

Les chevaux sont sellés et bardés, vos gens n'attendent plus que vous, monseigneur.

LE COMTE.

Monseigneur!... Et pourquoi pas mon capitaine, comme tu disais à l'armée, comme tu as toujours dit jusqu'ici?

TARTARIN.

Ah! c'est que nous allons à la cour, et qu'on prétend que là le ton d'un soldat...

LE COMTE.

Rien de changé entre nous, mon brave... le même cœur dans la même poitrine, les mêmes paroles sur les lèvres.

TARTARIN.

Ah! mon capitaine!

LE COMTE.

Toujours, entends-tu? toujours.

LA COMTESSE.

Qu'il est heureux, cet homme! il vous suivra, lui.

TARTARIN.

Oh! oui, madame, par-tout, au ciel et en enfer!... car c'est un bon et vaillant maître, voyez-vous; ardent à la mêlée, amoureux de gloire et de dangers, mais tendre et plein de bontés pour son vieux serviteur...

LE COMTE, lui serrant la main.

Dis son vieil ami. (A la comtesse.) Maintenant, adieu, madame!

LA COMTESSE.

Ainsi donc l'exil!... un éternel exil dans ce château!

LE COMTE.

Non, vous viendrez à la cour de France... un jour... peut-être... plus tard...

LA COMTESSE.

Ah! c'est qu'alors une puissance inconnue viendrait se placer entre vous et moi... c'est qu'alors une volonté plus forte que la vôtre...

LE COMTE.

Plus forte que la mienne! ne le croyez pas, madame; quand vous viendrez à la cour de France, ma voix seule vous appellera... Mais écoutez, madame : toute lettre de moi, quand même vous y liriez l'ordre exprès de me rejoindre à Paris, devrait être de nul effet pour vous, si cette lettre n'était accompagnée de mon anneau que voici... Et maintenant cet anneau, gage de mon repos, je le confie à cette main blessée pour le salut du roi... ma gloire et mon honneur sous le même gantelet. (Au chapelain.) Mon père, je laisse à votre zèle et à votre douce piété le soin d'adoucir pour la comtesse les ennuis de la solitude. (A la comtesse.) Recevez, madame, mes tristes adieux, et gardez-vous de toute colère contre un époux qui gémit de ne pouvoir se rendre encore à vos desirs...

(Il baise sa main et sort avec sa suite.)

SCÈNE III.

LA COMTESSE, LE CHAPELAIN.

LA COMTESSE.

O mon père! je le sens, je mourrai sous ces tristes murailles... C'est une cruauté, mon père, mes larmes l'ont trouvé sans émotion : il est parti avec des promesses qu'il ne réalisera pas; et qu'ai-je fait pour mériter un exil, dites-le-moi, de grace!...

LE CHAPELAIN.

Ma fille, réprimez cet accès d'une injuste douleur... Si le comte, votre époux, juge dangereuse votre présence à la cour, en ce moment où la cour de France revient d'Italie, avide de plaisirs et de fêtes... il faut bénir sa haute raison, qui protège vos vertus contre les folies d'une bouillante jeunesse.

LA COMTESSE.

Quelqu'un!... Qui vient là, mon père?

SCÈNE IV.

LES MÊMES, UN PAGE.

LE PAGE.

Noble dame, je suis au service de monseigneur de Lautrec, votre glorieux frère, et j'arrive de Paris.

LA COMTESSE, avec joie.

Vous arrivez de Paris, beau page, et vous servez mon frère bien-aimé? bénie soit votre venue en ce château!

LE PAGE, lui remettant une lettre.

Ce message...

LA COMTESSE, brisant le cachet.

O mon bon frère...! tes marques de souvenir calment mes douleurs... tu es libre et heureux, toi!... (Lisant.) Que vois-je? il m'appelle auprès de lui pour les fêtes qui attendent à Paris notre sire roi... Lisez... lisez, mon père.

LE PAGE.

Déja toute la noblesse qui n'est pas en Italie encombre les routes de Paris... Les luttes et tournois se préparent; les belles dames travaillent aux écharpes, aux bracelets et aux devises galantes pour leurs chevaliers bien-aimés.

LE CHAPELAIN.

Enfant, vous oubliez le respect que vous devez à la sœur de votre maître...

LE PAGE.

Mais, mon père, je ne vois aucun signe de colère sur le gracieux visage de la noble dame; si j'ai eu tort dans mon langage, que mon âge, de grace, me serve d'excuse...

LE CHAPELAIN.

Vous le voyez, madame, on grandit vite à la cour, et les enfants en parlent déja le pernicieux langage; le sens de tous ces propos est toujours amour et galanterie!

LE PAGE.

Eh! grand Dieu! mon père, quelle sombre humeur! vous tenez là un étrange langage, et, pour vous répondre, je crois qu'il me faudrait sur la tête un bonnet de docteur. (A la comtesse.) Croyez-moi, madame, venez à Paris, où tout est riant et joyeux, où la vie n'est qu'une fête.

LA COMTESSE.

Hélas! page, je ne puis quitter ce manoir où mes beaux jours se flétrissent et s'effeuillent tristement.

LE PAGE.

Mais il y a là traîtrise et félonie! Madame, qui oserait vous retenir captive en ce manoir? serait-ce le comte votre époux?...

LE CHAPELAIN.

Et qui vous rend si hardi d'interroger la noble dame sur ses secrets?

(On entend un son de cor.)

LA COMTESSE.

Quel est ce bruit?

LE PAGE.

Il nous annonce un gentilhomme!

SCÈNE V.

LES MÊMES; EDITH, suivie d'un varlet.

EDITH.

Deux chevaliers harassés de fatigue demandent pour quelques instants l'hospitalité.

LA COMTESSE, vivement au varlet.

Qu'ils entrent... Faites baisser le pont, maître Jéhan.

(Le varlet sort.)

SCÈNE VI.

LA COMTESSE, LE CHAPELAIN, LE PAGE, EDITH.

LE CHAPELAIN.

Ces chevaliers rentrent sans doute dans leurs foyers; habitués aux camps, jurant Dieu, la Vierge et leur épée, ils pourraient oublier... Soyez prudente, madame.

LA COMTESSE.

Ne craignez rien, mon père. Mais j'entends le bruit de leurs éperons d'or : ils viennent!... ils approchent!... les voici!...

SCÈNE VII.

LES MÊMES; L'AMIRAL BONNIVET. FRANÇOIS Ier.

LE PAGE, à la vue de Bonnivet.

Ciel! monseigneur!...

BONNIVET.

Silence! garde-toi de me reconnaitre.

LA COMTESSE, à ses hôtes, qui la saluent respectueusement.

Hospitalité franche et loyale, messeigneurs, comme l'a toujours offerte le comte de Châteaubriand, mon noble époux.

BONNIVET, bas au roi, désignant la comtesse.

Eh bien?

LE ROI.

Tu ne m'avais pas trompé.

LA COMTESSE.

Page, ne quittez pas ce château avant que je vous aie remis ma réponse au message dont vous étiez porteur; vous, mon père, veillez à ce que la suite de ces gentilshommes soit dignement traitée.

LE PAGE, les yeux fixés sur Bonnivet.

Quel mystère!...

LA COMTESSE, à Edith.

Demeure!...

(Le chapelain et le page sortent.)

SCÈNE VIII.

LA COMTESSE, LE ROI, BONNIVET; EDITH, à l'écart.

BONNIVET.

Béni soit le hasard, du bonheur qu'il nous donne, de voir si belle et si noble dame!

LE ROI.

Et de pouvoir en personne rendre hommage à l'illustre héritière de Foix; car sa renommée de graces et de vertus était venue jusqu'à notre camp d'Italie.

LA COMTESSE.

L'Italie!... vous arrivez d'Italie! Ne pourriez-vous quitter, mes beaux seigneurs, cette lourde armure et délivrer vos fronts de ces casques de fer? le repos est doux après les combats.

(Entrent plusieurs varlets et écuyers, apportant des coupes et des flacons de vin qu'ils placent sur une table qu'entourent les deux chevaliers; les écuyers prennent les casques des chevaliers.)

LE ROI, prenant une coupe.

A la châtelaine de céans!...

LA COMTESSE.

A vous, seigneurs chevaliers, à vos périls passés et à votre paix à venir!... car je présume que vous retournez dans vos manoirs, glorieusement congédiés par le roi notre sire.

BONNIVET.

Congédiés!... non, madame, mais séparés momentanément de la suite de sa majesté, qui, avant de se rendre dans sa bonne ville de Paris, a voulu visiter son beau duché de Bretagne.

LA COMTESSE.

Le roi près de nous!... le roi dans ce duché!...

LE ROI.

Dans ce duché, pays témoin des joutes et tournois de nos jeunes années, pays d'amour et de gloire où, sous les yeux d'une belle reine, nous brisions à l'envi lances et dagues... Il m'en souvient encore; aux trompettes du tournoi succéda bientôt la voix de tonnerre du dieu des batailles; le canon gronda aux champs d'Italie... Chevaliers, gentilshommes et hommes d'armes, tous se pressèrent pour Milan, où Lapalisse et Trivulce avaient arboré le grand étendard de France, et, au nom de gloire et de monseigneur saint Denis, appelaient la noblesse aux armes... Les manoirs devinrent déserts; du sommet des tourelles, on vit les amantes tristes et pleines de larmes livrer au vent pour dernier adieu les blanches écharpes, tandis qu'au loin dans la plaine, le cimier haut et flottant, l'armure parée des couleurs bien-aimées, les chevaliers s'en allaient pressant de l'éperon d'or les flancs de leurs coursiers.

BONNIVET.

La moisson de gloire fut belle sans doute, mais les lauriers de Ferrare s'abaissent devant ceux de Marignan!...

LA COMTESSE, vivement.

Vous étiez à Marignan, messeigneurs?

LE ROI.

Oui, belle dame.

LA COMTESSE, avec joie.

Oh! vous nous direz alors les faits d'armes de notre glorieux sire le roi: jamais, dit-on, Lancelot ni Gauvain ne firent mieux.

BONNIVET.

Notre sire le roi, si jeune encore, n'a rien à envier aux héros de sa vaillante race.

LE ROI.

Pardon, mon frère, il n'a pas encore défendu seul un pont contre l'ennemi, comme Louis neuvième, de sainte mémoire, à Taillebourg.

BONNIVET.

Mon frère, j'étais à ses côtés quand il écrasait les Suisses à Marignan, et toute sa noblesse admirait ses fières et rudes charges.

LE ROI.

Notre sire le roi ne fit pas mieux dans cette journée que le dernier homme d'armes de sa compagnie.

LA COMTESSE.

Mon frère me raconte dans ses lettres que le roi, précédé de quatre hommes d'armes, munis de torches enflammées, bataillait la nuit comme le jour.

BONNIVET.

C'est la vérité, noble dame, et vous ne l'auriez vu qu'en frémissant essuyer de son gantelet de fer la sueur de son front, puis bondir au plus serré de la mêlée; mais écoutez ceci... Haletant de soif et de fatigue, le roi s'arrête: « Ami, me dit-il, j'ai grand' soif... » Y songez-vous, sire! par saint Georges, il n'y a que du sang ici... Buvez, sire, lui dit un homme d'armes en lui offrant son casque!!! Le roi accepte, et avale à longs traits une eau bourbeuse, mêlée de sang... C'est l'infernal breuvage qui le désaltera.

LA COMTESSE.

Vous me faites frémir!...

BONNIVET.

Mais le ciel lui garde, en retour de ses glorieux travaux, de bien douces récompenses! avec la paix vont renaître les plaisirs; la cour, naguère si déserte, s'animera de prestiges et d'éclat; les beautés que recelaient les manoirs, ou que les maris jaloux tenaient captives, y viendront recevoir nos vœux.

LE ROI.

Et peut-être qu'alors la noble comtesse de Châteaubriand...

LA COMTESSE.

Moi!

SCÈNE IX.

LES PRÉCÉDENTS; LE PAGE, suivi des gens du château.

LE PAGE.

Messeigneurs, les gens de votre suite me chargent de vous prévenir que l'on aperçoit au loin le cortége de notre glorieux sire le roi.

LA COMTESSE, transportée.

Le roi! à quel signe le reconnaître, messeigneurs, dans la foule de ses gentilshommes?

BONNIVET.

C'est chose facile, noble dame; le chevalier Bayard portera devant lui le grand étendard de France.

LE ROI.

Noble dame, agréez l'hommage et l'adieu de deux gentilshommes, qui n'oublieront jamais et votre hospitalité et la gracieuseté de votre personne.

LA COMTESSE.

C'est à moi, messeigneurs, de vous rendre grace d'avoir honoré ce château de vos glorieuses présences. (A ses gens.) Reconduisez ces chevaliers jusqu'au pont; ordonnez aux archers du rempart de tenir la lance haute, et de rendre hommage aux vainqueurs de Marignan.

(Les chevaliers s'éloignent.)

SCÈNE X.

LA COMTESSE, LE PAGE, EDITH.

EDITH.

Que ces deux chevaliers ont la mine haute et fière! leur langage est rempli de doux propos.

LA COMTESSE.

Mais pourquoi l'un d'eux, le plus jeune et le plus beau, cherchait-il toujours à rabaisser la gloire de notre sire le roi?... Serait-ce l'envie? l'envie sied mal à tant de noblesse.

(On entend dans le lointain le bruit d'une musique guerrière.)

LE PAGE.

C'est le cortége.

LA COMTESSE.

De ce balcon, nous pouvons tout voir... Hâtons-nous. Ah! les voici! Ces gentilshommes à la cottisse d'or, aux têtes de lion couronnées...

LE PAGE.

Sont les princes du sang... le duc d'Alençon et de Bourbon, les comtes de Vendôme et de Saint-Pol: notre glorieux souverain n'est pas loin de cette élite de chevalerie... Voyez-vous ce cavalier au casque surmonté d'un porc-épic? il porte la grande bannière de France.

LA COMTESSE, poussant un cri de joie.

Le roi!

SCÈNE XI.

LES MÊMES, LE CHAPELAIN.

LA COMTESSE, courant à lui.

Le roi, mon père! L'un de ces chevaliers était le roi de France!... Le voyez-vous qui nous salue de la main?... C'est au roi de France que nous avons donné l'hospitalité.

LE CHAPELAIN.

Madame, l'heure de la prière a sonné.

LA COMTESSE, tristement.

Je vous suis, mon père. (Bas et vivement.) Page, de ce jour je vous prends à mon service; j'en écrirai à mon frère Lautrec... Je vous attends ici dans une heure... vous me parlerez de la cour de France.

(Elle sort avec le chapelain.)

DEUXIÈME TABLEAU.

Au Louvre. Une salle du palais; au fond, une galerie vitrée où se promènent deux hallebardiers; deux portes latérales surmontées de l'écusson de France; celle de gauche mène aux appartements des reines; celle de droite aux appartements du roi.

SCÈNE I.

LES COMTES DE VENDOME, DE SAINT-POL; SEIGNEURS et GENTILSHOMMES, formant divers groupes.

VENDOME.

Enfin la campagne est close! enfin nous avons revu Paris et son vieux Louvre!... Vive Dieu! messeigneurs, il était temps!... qu'en dis-tu, comte de Saint-Pol?

SAINT-POL.

Ingrat Vendôme!... pas un regret pour l'Italie, avec son ciel chaud et toujours pur, ses femmes ardentes et ses intarissables voluptés?

VENDOME.

Et son cri de guerre, n'est-ce pas? car, si je ne me trompe, les affaires sont loin d'être terminées... L'empereur et le cardinal mènent ensemble quelque bonne trahison.

SAINT-POL.

Tant mieux, sur ma foi! nous repasserons alors les monts!

VENDOME.

L'ours de Berne, comme disait Charles-le-Téméraire, n'est pas encore écorché... Ce sont de rudes jouteurs que ces montagnards d'Helvétie, avec leurs trompes à ébranler le ciel et faire dresser les cheveux du plus vaillant homme d'armes!...

SAINT-POL.

Bah! Dieu est pour la France; c'est son plus beau royaume! Or çà, messeigneurs, revenons à notre voyage; qui m'expliquera l'étrange détour qu'a fait le roi, notre sire, pour traverser son duché de Bretagne, tandis qu'à Paris l'attendaient si impatiemment mesdames les reines?

VENDOME.

Oh! c'est un mystère!...

TOUS.

Un mystère!...

SAINT-POL.

Entre le roi et son favori, l'amiral Bonnivet.

VENDOME.

Eh! justement le voici, ce cher amiral!...

SCÈNE II.

LES MÊMES; BONNIVET, sortant de l'appartement du roi.

BONNIVET.

Bonjour, bonjour, messeigneurs!...

SAINT-POL.

Tu sors de chez le roi?

VENDOME.

Quelle nouvelle?

BONNIVET.

Aucune!...

SAINT-POL.

Sa majesté recevra-t-elle ce matin?...

BONNIVET.

Encore mal remise des fatigues du voyage, sa majesté ne recevra que dans une heure.

(Le comte de Châteaubriand, qui est entré et qui se dirige vers l'appartement du roi, s'arrête et se retourne à ces mots.)

LE COMTE.

Pas avant?...

BONNIVET.

Non, seigneur comte; mais en votre qualité de capitaine des gardes (car nous savons qu'à son arrivée le roi vous a fait cet honneur, qui n'appartient qu'aux princes du sang) vous devriez déja savoir...

LE COMTE.

Je ne suis pas courtisan, messire; je laisse ce soin à qui de droit... Je m'informe, non de l'heure où je serai agréable au maître, mais de celle où je lui serai utile.

(Il s'éloigne lentement.)

SAINT-POL.

Par mon ame! Bonnivet, le seigneur de Laval ne t'aime guère...

BONNIVET.

Aussi sa haine trouve-t-elle une digne rivale dans la mienne.

VENDOME.

Quel orgueil dans ses regards et dans sa parole!...

BONNIVET.

Orgueil de race, et qui n'a fait que s'accroître depuis que la maison de Foix a uni ses armes aux siennes, et pourtant...

SAINT-POL.

Quoi donc?...

BONNIVET.

Oh! rien, messeigneurs... Je vous promets seulement que j'abaisserai la fierté du comte; l'œuvre est commencé, il faudra qu'il s'achève... Que je sois pendu de la main du bourreau, si le coup que je lui prépare ne lui vaut une bonne estocade dans la poitrine!

UN HUISSIER, annonçant de la porte de gauche.

Le lever de mesdames les reines!

BONNIVET.

Allons, messeigneurs, allons...

(Ils sortent tous par la gauche. Bonnivet va les suivre; la porte des appartements s'ouvre, et François premier entre sombre et pensif.)

SCÈNE III.

BONNIVET, LE ROI.

BONNIVET, s'approchant du roi.

O mon Dieu! sire, ce visage de deuil et de tristesse! on vous croirait sous le coup d'une prédiction de l'astrologue Gritti... ou d'un sermon du père Maillard.

LE ROI.

Aux fidèles de Notre-Dame, les sermons du père Maillard; à ma mère Louise de Savoie, les prédictions de l'astrologue Gritti... Quant à moi...

BONNIVET.

Si, pour détourner les lugubres idées de votre majesté, j'allais querir Triboulet, son fou?

LE ROI.

Triboulet n'est pas le plus fou de ma cour.

BONNIVET.

Un soupir!... la voix grave et dolente!... Est-ce bien vous, sire, qui m'apparaissez de la sorte?... vous, qui jadis au palais des Tournelles...

LE ROI.

Ah! Bonnivet, que n'y sommes nous encore dans ce lieu de délices, où s'écoula ma première jeunesse!... Alors, des nuits brûlantes, le vin, le jeu, les femmes, l'orgie, qui s'épuise et renaît d'elle-même, et, par-dessus tout, la liberté... Tandis qu'aujourd'hui, esclave du rang et de l'étiquette, je ne puis lever la tête sans qu'aussitôt l'éclat de la couronne n'attire sur moi tous les regards; je ne puis faire un pas sans que le manteau royal ne laisse des traces de mon passage... La triste chose que d'être roi de France au Louvre!

BONNIVET, avec intention.

Sur-tout lorsque le roi de France est en pensée bien loin du Louvre.

LE ROI.

Et où donc, s'il te plaît?

BONNIVET.

Vous souvient-il, sire, de certain manoir où deux simples chevaliers devançant le royal cortége de votre majesté, lors de son retour d'Italie, vinrent demander l'hospitalité à la châtelaine du lieu?...

LE ROI.

Ah! n'est-ce pas, Bonnivet, qu'il y a dans cette femme vraie fleur d'amour, comme dirait Clément, mon poëte, des charmes inconnus et mystérieux? sa beauté n'a rien qui saisisse; mais une taille flexible, un visage empreint de mélancolie; puis sous ses noires paupières des yeux d'une ravissante expression, des yeux où se peint son ame tout entière!... As-tu vu, lorsque tu parlais de nos combats, de nos dangers, de cette nuit de Marignan où je faillis trouver la mort, comme elle pâlissait et rougissait tour-à-tour; comme son regard étincelait, comme sa main froissait involontairement les plis de sa longue robe!... J'ignore quel prestige s'était emparé de moi; mes regards restaient fixés sur elle; c'était un rêve délicieux où je n'entendais qu'une voix, la sienne... Oh! c'est de l'amour, vois-tu, Bonnivet, je le sens...

BONNIVET.

Eh quoi! sire, vous pourriez espérer?...

LE ROI.

Rien de sa faiblesse, tout de mon amour... Qu'en dis-tu?...

BONNIVET.

Vous êtes roi, elle est femme!... Deux puissances rarement en guerre!...

LE ROI.

Ah! merci! merci de cet augure!...

BONNIVET.

Mais par malheur...

LE ROI.

Par malheur?...

BONNIVET.

La distance est grande d'ici au manoir de Laval, et à moins que les vents dociles ne vous prêtent chaque jour leurs ailes pour arriver à la dame de vos pensées...

LE ROI.

C'est elle qui viendra.

BONNIVET.

Elle!...

LE ROI.

Oui, Bonnivet, oui... elle viendra à la cour, et sans retard... Aujourd'hui même je vais en parler au comte.

BONNIVET.

Le noble comte, conduire son épouse en cette cour qu'il maudit, qu'il accable de ses mépris; cette cour, où tout ce qui ne traîne pas une lourde épée n'excite que sa pitié!...

LE ROI.

Tu en veux donc bien à ce pauvre seigneur de Laval pour quelques légères épigrammes?

BONNIVET.

Lequel de nous deux, sire, lui en veut le plus en ce moment?

LE ROI, riant.

Ha! ha! ha! à merveille; Triboulet n'eût pas mieux dit; mais, je te le répète, le comte se rendra à mes vœux.

BONNIVET.

Non, sire.

LE ROI.

A mes ordres, alors...

BONNIVET.

Ordonner à un mari de laisser adorer sa femme!

LE ROI.

Ah! tu m'irrites à la fin!... cela sera, parce-que je l'ai résolu.

SCÈNE IV.

Les Mèmes, LE COMTE.

LE COMTE.

Sire...

LE ROI.

Ah! pardieu! le ciel nous favorise. Approchez, approchez, seigneur comte.

LE COMTE.

Hier, quand votre majesté fit son entrée au Louvre, le vieux soldat à qui rendez-vous avait été donné après la bataille de Marignan, se trouvait debout sur le seuil de votre palais. Votre majesté, fidèle à sa promesse, l'embrassa, et lui dit: Toi qui sauvas ma vie, tu veilleras désormais sur elle... je te nomme capitaine de mes gardes... Le vieux soldat, tremblant et muet de reconnaissance, ne put alors vous en remercier, sire; il le fait en ce moment.

LE ROI.

Des remerciments pour si peu! n'en parlons pas... votre héroïque dévouement mérite davantage.

BONNIVET, à part.

Qu'on accuse encore les princes d'ingratitude!

LE COMTE.

Sire, l'ennemi s'est chargé de ma récompense; son épée a gravé sur cette main un signe impérissable de gloire et de fidélité à votre royale personne.

LE ROI.

Mais je ne veux pas que vous deviez des actions de grace à l'ennemi, seigneur de Laval; c'est aujourd'hui même, ici, à cette place où nous sommes, au milieu de sa noblesse assemblée, que le roi de France prétend prouver toute sa reconnaissance à l'homme qui lui sauva la vie.

LE COMTE, s'inclinant.

Sire!

BONNIVET.

A quoi tient la faveur!

LE ROI.

Je veux en outre que mes bontés descendent sur votre illustre famille; c'est une dette des rois mes aïeux, qui n'ont pas eu de plus braves gentilshommes que ceux de votre maison... Vous êtes époux, seigneur comte?

(Mouvement du comte.)

BONNIVET, à part.

Nous y voilà.

LE ROI.

Je desire que la noble héritière de Foix vienne prendre à la cour la place que lui assurent sa haute naissance et le nom qu'elle porte... L'occasion est belle; ma sœur Marguerite veut un cortége de nobles dames, et ne saurait s'honorer d'un meilleur choix qu'en agréant la comtesse.

BONNIVET, à part.

Sur mon ame! c'est un habile homme que notre sire le roi.

LE COMTE.

Quelque flatteur que doive être pour la comtesse le choix de madame Marguerite, permettez-moi, sire, de vous exprimer le doute où je suis qu'elle accepte.

LE ROI.

Un refus!... et pourquoi?

LE COMTE.

Des motifs...

LE ROI.

Que je desire connaître...

LE COMTE.

Élevée loin de la cour, habituée à la retraite, dépourvue de charmes et de beauté...

LE ROI, souriant.

Eh! qu'importe la beauté, si vous n'avez d'autres raisons à nous opposer!...

LE COMTE.

Tout entière à Dieu et à la pratique des vertus religieuses, elle vit au pied des oratoires, pleine de haine pour la cour et ses plaisirs, pleine d'amour pour le langage d'un austère chapelain.

LE ROI.

Seigneur comte, que me dites-vous là?... mais votre parole me remplit de joie... Une noble dame dont la vertu est si sévère, qui préfère le jeûne et les macérations aux plaisirs que lui assure son haut rang, c'est le ciel descendu sur notre vallée de misères et de péchés... Pareil miracle, par le temps qui court, éveille ma curiosité; et, foi de gentilhomme, je desire vivement la voir en ces lieux; sa sainte présence convertirait toutes nos belles dames si oublieuses de Dieu, si folles de leurs charmes, et me mettrait au mieux avec le saint-père... Eh bien! consentez-vous à combler nos souhaits et à écrire à la châtelaine de Laval?

LE COMTE, qui a repris son calme.

A l'instant, si votre majesté l'exige.

(Mouvement de surprise de Bonnivet, à qui le roi jette un regard de triomphe.)

LE ROI, au comte.

Suivez-moi donc chez ma sœur de Navarre... Je veux qu'elle vous confirme mes paroles, et qu'elle ajoute de sa main quelques mots à votre lettre.

LE COMTE, à part.

L'anneau ne partira pas.

(Il entre avec le roi dans l'appartement à gauche.)

SCÈNE V.

BONNIVET, *seul.*

Il accepte! il cède aux vœux du roi... et pourtant il est jaloux... et pourtant il ne tient sa femme en exil que pour la dérober aux séductions de la cour!... Ah! il y a là un mystère qu'il faudra que je découvre.

(On entend du bruit dans la galerie, et l'on aperçoit le page de la comtesse, à qui les gardes refusent le passage.)

LE PAGE.

Page de la comtesse de Châteaubriand, en message auprès de son noble époux.

BONNIVET.

Laissez, laissez entrer.

SCÈNE VI.

BONNIVET, LE PAGE.

LE PAGE.

L'amiral Bonnivet!...

BONNIVET.

Oh! ici, libre à toi de me reconnaître... ce n'est pas comme au manoir de Laval, lors de la visite mystérieuse que j'y fis avec le roi.

LE PAGE.

Quelle aventure!... Je vous connaissais, vous, monseigneur, pour vous avoir vu quelquefois chez le sire de Lautrec, mon ancien maître; mais le roi, je ne l'avais jamais vu, et quand il vint à passer quelques instants après sous les fenêtres du château...

BONNIVET.

Dis-moi, enfant, quelle impression cette découverte fit-elle sur ta belle maîtresse?

LE PAGE.

Oh! monseigneur, elle était folle de joie! depuis cela, le nom de notre glorieux monarque est sans cesse sur ses lèvres; elle répète et admire ses exploits, ses graces, son beau langage; assise au sommet d'une vieille tourelle, les regards sur la route de Paris, qui va se perdant au loin, elle passe des heures entières à s'entretenir avec moi de la grande ville, objet de tous ses vœux, de ses prières, de ses rêves, Paris... Pour un jour à Paris, elle donnerait, je crois, une de ses plus belles années; et c'est afin d'obtenir ce bonheur tant souhaité, qu'elle m'envoie auprès du comte, son époux... Mais, hélas! la pauvre dame a peu d'espoir...

BONNIVET.

Elle se trompe... jamais message n'arriva plus à point, car, en ce moment, le comte est avec le roi, qui a triomphé de ses scrupules, et l'a décidé à écrire à sa femme, pour l'appeler à la cour.

LE PAGE.

Il serait vrai!... et cette lettre sera accompagnée de l'anneau qu'elle attend?

BONNIVET, *vivement.*

Quel anneau?

LE PAGE.

Imprudent!... Ah! pardon, pardon, monseigneur, d'avoir involontairement trahi le secret que ma noble maîtresse ne m'a confié que sous la foi du serment; ce secret entre elle et son époux, ce secret qui causerait ma perte, si l'on venait à savoir qu'il m'est connu.

BONNIVET.

Enfant!

LE PAGE.

N'est-ce pas, monseigneur, que vous oublierez le mot qui m'est échappé?

BONNIVET.

J'oublie ce que l'on me confie; je me souviens de ce que je découvre : ainsi confidence entière de ta part; de la mienne, discrétion complète... Eh bien?

LE PAGE.

Eh bien! monseigneur, voici : Le noble comte, craignant sans doute que notre sire le roi ou la cour ne le forçât de mettre un terme à l'exil de l'héritière de Foix, a imaginé un merveilleux moyen de paraître céder, en tenant toujours captive la pauvre dame... A son départ, il dit à la comtesse, en lui montrant un anneau placé sous le gantelet qui couvre sa main blessée : Madame, tant que cet anneau ne suivra pas la lettre qui ordonnera votre départ du château, vous devrez vous garder d'obéir... et...

(La porte à gauche s'ouvre brusquement.)

BONNIVET.

Silence!

SCÈNE VII.

LES MÊMES; LE ROI, LE COMTE.

LE ROI.

A merveille, seigneur comte; il ne reste plus qu'à expédier sûrement la lettre. Mais quel est ce page?

LE PAGE, *remettant le message au comte.*

A monseigneur, de la part de madame la comtesse.

LE ROI.

Ah! vive Dieu! la rencontre est bonne... un page de la comtesse... Donnez-lui votre lettre, mon cher comte, et qu'il reparte sur-le-champ.

LE COMTE.

Ainsi l'ordonne le roi, obéis...

(Il remet la lettre au page, qui reste immobile.)

LE ROI, *au page.*

Eh bien! qu'attends-tu?

LE PAGE, bas à Bonnivet.

L'anneau n'est pas avec la lettre.

BONNIVET, à part.

Mais cet anneau, ce mystérieux anneau, ne pourrai-je donc le voir?

LE ROI, à Bonnivet.

La lettre est partie.

BONNIVET.

Sans doute, sire, mais...

LE HÉRAUT, annonçant.

Monseigneur le chancelier Duprat, mesdames de la cour, messeigneurs, officiers, gentilshommes.

(Tout le monde entre et se range; moment de silence.)

LE ROI.

Nobles seigneurs et nobles dames, quelle est ma joie de me retrouver au milieu de cette cour, à laquelle s'adressaient, de la terre étrangère, mes vœux et mes espérances! A tous ici présents, salut et bon souvenir! à qui de droit des actions de graces. Chancelier Duprat, digne soutien de la justice et des lois, j'ai entendu le peuple vous bénir; au nom du peuple de France, je vous remercie... et vous aussi, chevaliers et gentilshommes qui m'avez vaillamment suivi, lorsque j'allais chercher, sous le feu de l'ennemi, le sacre de la victoire; Montmorency, Trivulce. Saint-Pol, Vendôme; et toi, Châteaubriand, brave parmi les braves! approche, viens au milieu de cette noblesse qui m'applaudit sans doute; viens, que je te proclame mon sauveur et mon ami!

LE COMTE, mettant un genou en terre.

Ah! sire...

LE ROI, détachant son collier de Saint-Michel, et le lui mettant au cou.

Seigneur de Laval, recevez cet ordre glorieux, que les rois, mes aïeux, ont destiné au plus intrépide comme au plus dévoué: et maintenant, comte, votre main, cette main que j'ai seul le droit de presser dans la mienne!

(Le comte ôte son gantelet, et présente sa main au roi.)

BONNIVET, dont les regards s'attachent vivement sur l'anneau.

Simple!... pas de devise! rien que les armes de Foix et de Laval; la comtesse viendra!...

ACTE SECOND.

PREMIER TABLEAU.

Le théâtre représente un appartement du Louvre occupé par le comte de Châteaubriand, en qualité de capitaine des gardes; ameublement somptueux, portraits de famille suspendus aux lambris; porte au fond, portes latérales masquées par une tapisserie.

SCÈNE I.

TARTARIN, seul, triste et pensif.

Ces tableaux! ces riches draperies! Ah! tout cela me pèse et me gêne. Que j'échangerais volontiers l'appartement du capitaine des gardes au Louvre contre sa tente de guerre ou son vieux manoir de Laval!

SCÈNE II.

TARTARIN, LE COMTE.

LE COMTE, entrant gaîment.

Eh! l'ami, quel front soucieux! A quoi penses-tu donc de la sorte?

TARTARIN.

Au passé et au présent, capitaine.

LE COMTE.

Le passé fut glorieux, mon brave, et le présent est beau. Le cœur de notre sire le roi ne tarit pas en bontés pour moi.

TARTARIN.

Notre sire le roi est grand et juste, mais ceux qui l'entourent... Ah! tenez, capitaine, je me sens là de tristes pressentiments... Il vous arrivera malheur à cette cour du Louvre.

LE COMTE.

Rassure-toi, Tartarin; on n'ignore pas que je porte au côté une bonne lame trempée à Milan, et que je mesure à sa longueur le respect qui m'est dû. Il est vrai que depuis quelque temps les astrologues et les favoris ont le haut pas à la cour de France... Il est vrai qu'on prodigue les fiefs et les titres aux héros des galantes aventures, tandis que les vieux guerriers d'Italie dorment sur leur écu, portent des pourpoints troués, ou mendient une place d'archer de la prévôté; mais tout cela aura son terme; car tout cela est l'ouvrage d'un seul homme, et il faudra bien qu'il tombe, cet homme qui souffle chaque jour sur les passions du maître, parcequ'il sait qu'avec elles s'éteindrait sa faveur.

TARTARIN.

Sa faveur date de l'hôtel des Tournelles, et le roi de France n'oublie pas les amis du duc de Valois.

LE COMTE.

Ce misérable Bonnivet! sans lui, sans ce familier des ruelles, qui a fait du palais un théâtre de scandales et de débauches, tout loyal gentilhomme n'aurait pas besoin de reléguer au fond de son manoir ou sa fille ou sa femme! Ah! mon ami, que l'exil de la noble dame de Laval m'est cruel! Qu'il m'en coûte de causer ses larmes et ses regrets, moi qui donnerais ma vie pour que la sienne fût douce et joyeuse! Mais l'exposer au danger, mais voir la foule de ces mignons musqués, aux pourpoints d'or et de soie, parader autour d'elle, et lui débiter leurs propos d'amour et leurs galanteries italiennes! Oh! jamais.

TARTARIN.

Je vous l'ai toujours dit, capitaine, c'est le diable qui vous a fait épouser femme si jeune et si belle.

LE COMTE.

Oh! oui; l'affreux tourment que de se sentir un cœur de vingt ans avec des cheveux qui blanchissent!... m'être laissé prendre d'amour, moi, Tartarin; moi, vieux soldat, qui n'aimais que toi et la bataille!... Oh! mais à quoi bon ces craintes et ces transports? La comtesse est loin, et ne viendra pas, malgré les sollicitations du roi, malgré ma lettre... L'anneau est toujours à mon doigt!

SCÈNE III.

LES MÊMES, LE PAGE; LA COMTESSE, en habit de voyage.

LA COMTESSE, dans la coulisse.

Où est-il? où est-il?

LE COMTE.

Cette voix!...

TARTARIN.

Celle de votre noble épouse.

LE COMTE.

Impossible!

LE PAGE.

La dame de Laval!

LA COMTESSE, se précipitant en scène, et se jetant dans les bras du comte.

Ah! monseigneur! monseigneur!...

LE COMTE, stupéfait.

Vous ici, madame?...

LA COMTESSE.

Ne m'attendiez-vous donc sitôt?... Ne saviez-vous avec quel empressement je franchirais la distance qui nous séparait? Pardon d'avoir maudit ma courte captivité! Pour quelques instants de deuil, que d'ivresse! que de bonheur! merci! oh! merci, monseigneur!...

LE COMTE.

Vous ici!... est-ce un rêve? une illusion? Le comprends-tu bien, Tartarin?... C'est elle! c'est la comtesse de Châteaubriand!

LA COMTESSE.

O mon Dieu! cet accueil que je ne puis m'expliquer!...

LE COMTE.

Quelle audace est la vôtre, madame!

LA COMTESSE.

Pourquoi cette subite colère à ma vue?

LE COMTE.

Pourquoi?... vous osez le demander!... Répondez, madame, répondez... Qui vous a fait ainsi braver mes ordres?

LA COMTESSE.

Vos ordres? mais je n'ai fait que les suivre, monseigneur... ne m'aviez-vous pas dit que, lorsque votre anneau accompagnerait la lettre qui autoriserait mon arrivée à la cour... je pourrais partir?

LE COMTE.

Eh bien! cet anneau?

LA COMTESSE.

Le voici!

(Stupéfaction du comte à la vue d'un anneau entièrement semblable au sien.)

LE COMTE.

Trahison! horrible trahison!... De qui tenez-vous cet anneau, madame?

LA COMTESSE.

De l'enfant que j'avais député vers vous, du page ici présent.

LE COMTE, au page.

Approche, et songe que tu as au-dessus de toi Dieu, et devant toi la pointe de mon poignard.

LE PAGE.

Chargé de la lettre que vous m'aviez remise, sous les yeux de notre sire le roi, je sortis du palais et bientôt de la ville; je ne m'arrêtai qu'à la nuit tombante dans une hôtellerie, sur la route, à quelque distance de Paris... J'y étais à peine qu'un homme, accourant de toute la vitesse de son cheval, mit pied à terre et me dit: Le seigneur de Laval, ton maître, t'ordonne d'attendre la venue d'un messager qui t'apportera de sa part de nouvelles instructions. J'attendis donc; le messager vint en effet, et me donna pour la dame de Laval cet anneau...

LE COMTE, avec fureur.

Qui n'est pas le mien... (Otant son gantelet.) Tenez, voyez, madame... cet anneau n'a pas quitté ma main. Oh! je vous le répète, c'est une exécrable trahison dont je découvrirai l'auteur, fût-il en enfer!... Tartarin, veille à ce que tout s'apprête pour que la comtesse reparte sur-le-champ.

(Tartarin sort.)

SCÈNE IV.

LES MÊMES, excepté TARTARIN.

LA COMTESSE.

Repartir sur-le-champ! Ah! monseigneur, ne me renvoyez pas au manoir de Laval!... C'est une cruelle tyrannie que de condamner aux ennuis de la solitude une femme que sa naissance et son hymen appellent ailleurs.

LE COMTE.

Ah! oui, la cour!... c'est la cour, avec ses plaisirs et ses dangers, qu'il vous faut? c'est le sourire et les doux propos du roi que vous regrettez... Vous partirez, madame!...

LA COMTESSE.

Tant d'injustice me révolte!... Comte de Châteaubriand, est-ce donc ainsi que vous traitez l'héritière de Foix? je ne suis pas seule au monde, et lorsque mon frère connaîtra les humiliations que me prodigue votre aveugle jalousie....

LE COMTE.

Des menaces!

LA COMTESSE.

Non! oh! non, j'ai tort, monseigneur... j'ai tort... Mais de grace!...

LE COMTE.

Ce bruit!... Qui vient là? Le roi et Bonnivet!... le roi chez moi... sans suite, sans appareil!... Aurait-il déja appris...? (Montrant la porte masquée de droite.) Entrez là, madame... et, sur votre ame, n'en bougez qu'il ne faille!...

LA COMTESSE, à part.

Le roi!

(Elle entre à droite, triste et pensive; le page la suit.)

SCÈNE V.

LE COMTE, LE ROI, BONNIVET.

LE COMTE, se remettant de son trouble, et allant au-devant de François Ier.

Sire!...

BONNIVET, à part, jetant les yeux autour de lui.

Personne! mais où donc est la comtesse?

LE COMTE, au roi, après avoir salué froidement Bonnivet.

Tant d'honneur!..

LE ROI.

N'a rien qui vous doive étonner, mon cher comte... Vous avez traversé la mêlée pour me faire visite sur le champ de bataille, et je viens vous la rendre en compagnon d'armes, sans faste et sans étiquette.

LE COMTE, lui avançant un siége.

Votre majesté daignerait-elle...?

LE ROI, dont les regards sont tombés sur les portraits rangés le long de la muraille.

Non, non, seigneur de Laval... que je salue, debout et tête nue, cette élite de grands hommes, vos aïeux, dont les portraits nous entourent!

LE COMTE.

Présent du passé à l'avenir, héritage de gloire, sire, que je saurai conserver intact comme le nom qu'ils m'ont légué!

BONNIVET, à part.

Peut-être!

LE ROI.

Et sur-tout comme l'amitié qui nous unit, comte de Châteaubriand.

LE COMTE.

Amitié d'autant plus précieuse que je ne l'ai pas, moi, ramassée dans les antichambres.

BONNIVET, piqué.

Au langage farouche de votre seigneurie, on la croirait toujours sortant de quelque assemblée de Malcontents à l'hôtel Bourbon.

LE COMTE.

Bientôt, peut-être, tout bon serviteur de sa majesté sera forcé de s'y rendre, pour détourner l'orage attiré sur elle par certains de ses courtisans...

LE ROI.

Eh! là! là! messires, trêve à de semblables débats!... Savez-vous, comte, que ce logis est d'un goût, d'une richesse!... Il n'a, selon moi, qu'un défaut.

LE COMTE.

Lequel, sire?

LE ROI.

D'être trop petit pour un homme de votre qualité.

LE COMTE.

La faute en est à votre majesté, qui m'a fait trop grand pour lui!...

LE ROI.

Ces tableaux... ces draperies...

BONNIVET, soulevant celle qui couvre la porte à droite, sur laquelle sont restés, constamment fixés, les yeux du comte.

Celle-ci, par exemple!...

LE COMTE, vivement.

Celle-ci!...

BONNIVET, à part.

Elle est là!...

LE ROI.

Une porte!...

BONNIVET.

Qui conduit à un appartement où le comte garde, à ce qu'on prétend, un merveilleux trésor...

LE ROI.

Un trésor?...

LE COMTE, à Bonnivet.

De quel trésor parlez-vous?

BONNIVET.

Du dernier tableau de Léonard-Vinci, acheté par vous.

LE COMTE.

La foudre écrase cet homme!...

LE ROI.

Oh! par ma foi, c'est mal à vous, seigneur de Laval, de nous en avoir fait mystère... Il ne sera pas dit que pareil chef-d'œuvre se soit trouvé si près du protecteur des arts, sans qu'il lui ait porté son tribut d'admiration.

LE COMTE.

Votre majesté est trop bonne...

LE ROI.

Ce tableau, mon cher comte?...

BONNIVET, ouvrant brusquement la porte.

Regardez, sire!...

LE COMTE, à part.

Malédiction!...

SCÈNE VI.

LES MÊMES, puis LA COMTESSE.

LE ROI.

Qu'ai-je vu? la comtesse!...

LE COMTE.

Vous la connaissez donc, sire?...

LE ROI, troublé.

Moi!... non... Mais ce qu'en disait la publique rumeur... cet air de grandeur et de noblesse qui ne peut appartenir qu'à votre noble épouse... Et puis quelle autre en ces lieux...?

BONNIVET.

Mes compliments, seigneur de Laval; jamais surprise ne fut plus douce et plus soudaine!...

LE COMTE, dévorant sa rage.

Infernal reptile!... que ne puis-je t'écraser sous mes pieds!...

LE ROI.

Mais admire donc, Bonnivet, ce regard d'ange et ce front haut et pur, où se peint tout entier l'orgueil de la puissante maison de Foix.

LE COMTE, introduisant la comtesse.

Approchez, madame, et remerciez sa majesté de tant d'intérêt et de bienveillance...

LE ROI, à la comtesse, qui s'incline.

Enfin, belle dame, le ciel exauce nos vœux, et nous envoie celle dont la présence était par nous si vivement desirée!...

LA COMTESSE, émue.

Comment exprimer à votre majesté...?

LE ROI.

En préférant à la solitude du manoir de Laval l'éclat de la cour de France, que, dès demain, je veux vous montrer dans toute sa splendeur... Demain il y aura fête au palais du Louvre... Vous y viendrez avec votre noble épouse, comte de Châteaubriand?...

LE COMTE.

J'obéirai, sire!...

LE ROI.

Permettez-moi en outre de réclamer de votre courtoisie, pour le plus digne parmi mes chevaliers, l'honneur de porter ses couleurs.

LA COMTESSE, qui, sur un signe du comte, a détaché son écharpe.

A qui cette écharpe?

BONNIVET.

A vous, sire!...

LE ROI.

A moi!... belle dame. A demain!... à demain, seigneur comte!..

BONNIVET, à part.

La lutte est engagée!...

(Le roi et Bonnivet s'éloignent après avoir pris congé du comte et de la comtesse, qui se laisse tomber pensive sur un siége.)

SCÈNE VII.

LE COMTE, LA COMTESSE, puis TARTARIN.

LE COMTE, les regardant s'éloigner.

Ah! tu ne la verras pas long-temps, monseigneur le roi; et toi, Bonnivet, tu conspireras vainement contre la pureté de mon blason!...

TARTARIN, entrant.

Capitaine, à quand le départ?...

LE COMTE.

Au sortir de la fête qui aura lieu demain au Louvre!

LA COMTESSE, se levant brusquement.

Ah! n'importe la fête!...

LE COMTE.

Votre main, madame!...

DEUXIÈME TABLEAU.

Le théâtre représente une galerie du Louvre. Des flambeaux, des fleurs. Les armes de Foix et Laval dans des écussons à devise.

SCÈNE I.

BONNIVET, VENDOME, SAINT-POL, MONTMORENCY, TRIVULCE, GENTILSHOMMES et SEIGNEURS.

(Au lever du rideau, on entend au loin la musique du bal.)

SAINT-POL.

Quelle fête, messeigneurs!... Jamais Milan de galante mémoire n'en vit de plus splendide, et je crois, foi de gentilhomme, que la fleur de toute chevalerie est cette nuit au Louvre.

VENDOME.

Vos seigneuries ont-elles remarqué que notre sire le roi a soudainement disparu du milieu des danses, et que nos regards ont ensuite vainement cherché la dame de Laval?

SAINT-POL.

La reine du bal! par-tout son chiffre et sa devise!...

VENDOME.

Tout le monde a pu voir les couleurs de la maison de Foix sur le pourpoint de sa majesté.

SAINT-POL.

Ah! c'est que sa majesté avance à pas de géant dans le chemin qui conduit au cœur de la fière comtesse!... (A Bonnivet, qui, silencieux jusque-là, sourit malignement à l'écart.) Qu'en dis-tu, Bonnivet?...

BONNIVET.

Je dis que le seigneur de Laval, pour peu qu'il tienne à rester en joyeuse humeur, doit se garder de faire tirer son horoscope en ce moment par l'astrologue Gritti.

(Rire général.)

SAINT-POL.

Eh!... mais, si je ne m'abuse, c'est le page de la comtesse; quel air d'angoisse et de douleur sur ce blond visage!...

SCÈNE II.

Les Mêmes, LE PAGE.

BONNIVET.

Que cherches-tu, enfant?

LE PAGE.

Ma maîtresse vient de quitter les danses avec un visage pâle et agité... je l'ai cherchée vainement pour lui offrir mes soins... Ne l'auriez-vous pas vue dans cette longue galerie, messeigneurs?...

SAINT-POL.

Sur mon ame! nous ne l'avons vue, enfant... Mais rassure-toi... ta maîtresse ne saurait s'égarer en ces lieux enchantés, et les soins les plus galants ne peuvent lui manquer.

LE PAGE.

Grand merci à vos seigneuries... Je vais rejoindre les fêtes.

(Il tourne à droite, et s'arrête tout-à-coup avec un cri de surprise; il change de direction et disparait par le côté opposé.)

SCÈNE III.

Les Mêmes, moins LE PAGE.

BONNIVET.

Qu'a-t-il donc vu, le beau page de la dame de Laval, pour s'exclamer de surprise et changer ainsi la direction de ses pas? (Regardant à droite.) Ah! c'est elle, messeigneurs! c'est la comtesse, sous le bras de sa majesté!

TOUS.

Est-il possible!

(Ils regardent du même côté.)

BONNIVET.

Voyez comme le langage du roi est vif et pressant! La belle veut quitter son bras... le roi la retient... Quel transport!... Ah! c'est maintenant que je triomphe!... Que n'es-tu là présent, orgueilleux seigneur de Laval!... à ta noble haine j'oppose un royal amour... N'est-ce pas me venger en maître?...

SAINT-POL.

La merveilleuse histoire que celle-là! tu nous en as promis jadis le fidèle récit... parle, Bonnivet.

TOUS.

Parle! parle!

BONNIVET.

Oui, car l'instant est venu de publier ma victoire et la défaite du comte... (Le comte, qui paraît en ce moment au fond de la galerie, s'arrête et écoute.) Vous saurez, tout d'abord, que l'arrivée de la comtesse à la cour n'est due qu'à moi! (Le comte s'avance afin de mieux entendre.) Pour combattre les précautions prises par la jalousie du farouche châtelain de Laval, il fallait qu'un double de l'anneau porté à sa main mutilée, et qu'il ne découvre jamais du gantelet, suivît une lettre à sa femme. Grace à moi, l'anneau partit avec la lettre, et la prisonnière de Bretagne fut bientôt à Paris. (Mouvement de colère du comte; il se maîtrise, et continue à prêter l'oreille.) Mais voici qui m'assure la palme, et me constitue le héros de l'intrigue amoureuse. Je savais, à quelques minutes près, par des hommes dévoués, l'heure où devait arriver la comtesse. Craignant que l'époux irrité ne rendît mes soins inutiles en la faisant repartir sur-le-champ, je résolus d'y mettre obstacle, et à cette fin je conduisis, juste à l'heure marquée, le roi chez le comte, sous le frivole prétexte d'admirer je ne sais quel chef-d'œuvre en peinture... (Bruyants éclats de rire.) Et ce fut ainsi que j'acquis...

LE COMTE, s'élançant sur lui.

Le titre de lâche et d'infâme! (Le frappant du plat de son épée.) Au valet de François Ier, le comte de Châteaubriand!... Et maintenant que je t'ai ennobli du plat de mon épée, je te présente la pointe!

BONNIVET.

Mort et enfer!

(Violente rumeur.)

LE COMTE.

Riez, riez donc encore, messeigneurs... ah! riez avec moi; le renard a rencontré le tigre.

BONNIVET, croisant le fer.

Et ne reculera pas devant lui!...

(Tout le monde s'empresse à les séparer.)

VENDOME.

Arrêtez, messeigneurs; vous battre dans le palais, et presque sous les yeux du roi!...

LE COMTE.

Bonnivet! c'est le combat à outrance qu'il me faut!...

BONNIVET.

Je le veux aussi !

LE COMTE.

Trivulce et Montmorency, soyez mes parrains.

BONNIVET.

Soyez les miens, Saint-Pol et Vendôme... Seigneur de Laval, je demande ton épée après la victoire pour en faire trophée.

LE COMTE.

Et moi la tienne pour la briser sous mes pieds, te défendant à l'avenir de porter l'arme du gentilhomme.

SAINT-POL, s'avançant entre les deux adversaires.

Telle sera donc la loi du combat?

LE COMTE.

Oui!... Sortons, messeigneurs, et que l'un de nous deux ne rentre plus au Louvre!

(Ils s'éloignent par le fond.)

SCÈNE IV.

LE ROI, LA COMTESSE.

LA COMTESSE, cherchant à se dégager des poursuites du roi.

O sire!... par grace!... laissez-moi!... On nous a vus sortir, et bientôt je serai couverte de confusion... Sire! par pitié! si vous m'aimez...

LE ROI.

Si je vous aime?... non, non, ce n'est pas de l'amour; oh! non, c'est une passion folle qui a pris toute ma vie, et qui vous crie pitié...

LA COMTESSE.

Sire!... ô mon Dieu! parlez bas! on peut vous entendre.

LE ROI.

Et qui donc oserait s'approcher sans mon ordre des lieux où je suis?... Par pitié, rassurez cette ame prompte à s'alarmer... laissez ma voix y porter l'hommage brûlant de mon dévouement, et un peu de ce délire qui me ferait hésiter entre vous et ma couronne de France...

LA COMTESSE.

Vous, sire! descendre jusqu'à moi? vous que la publique renommée proclame le plus fier des rois!... Dois-je écouter ces paroles si passionnées qui nous troublent et nous perdent, nous autres pauvres et timides femmes, à qui la nature ne donna pour défense qu'un cœur facile à briser? Dois-je vous entendre?

LE ROI, avec vivacité.

Et qui vous défend de m'entendre?... le cri d'une conscience qui s'effraie? la voix sévère du devoir? Conscience, devoir, en existe-t-il, quand celui qui en est l'objet laissait mourir dans le plus sombre des manoirs la reine de toutes les graces!

LA COMTESSE.

S'il est coupable, sire, c'est de trop m'aimer sans doute.

LE ROI.

De trop vous aimer?... s'il vous eût aimée, n'eût-il pas dû, rampant en esclave à vos pieds, accomplir avec joie le moindre de vos vœux, trop heureux d'un sourire, d'un regard?... Un sourire, un regard de vous!... Ah! pitié pour une passion qui délire! un mot, un seul mot d'amour, ou je meurs à vos pieds!

LA COMTESSE.

Mon front brûle... mon cœur bat avec une cruelle violence, ah!... que je suis malheureuse!

LE ROI.

Vous, malheureuse? et le roi de France ne saurait vous consoler! vous le haïssez donc bien, madame?

LA COMTESSE.

Vous haïr?... oh! mais, qu'ai-je dit? ma tête s'égare.

LE ROI.

Parle! parle encore, ange du ciel!... laisse à tes yeux cette douceur qui me ravit!... Que je t'aime!... que tu es belle!

LA COMTESSE.

Rentrons, rentrons, sire... ou plutôt souffrez que je me retire de ce bal, où me trahiraient mon trouble et mon émotion. Je veux faire un éternel adieu à la cour, je veux vous fuir à jamais.

LE ROI.

Me fuir? lorsque mon bonheur commence, lorsqu'une éternité de délices s'ouvre devant moi, lorsque Dieu a mis tant de passions dans mon ame!

LA COMTESSE.

Et tant de faiblesse dans la mienne.

LE ROI.

Me fuir?... Qui pourrait te soustraire à ma tendresse? j'irais te redemander au monde entier! Sais-tu que pour toi je bouleverserais des royaumes!

LA COMTESSE.

Oh! gardez votre force et votre courage pour plus digne usage. Ne les employez pas contre une femme qui crie merci!... Soyez généreux, sire! je suis à vos genoux.

LE ROI.

A mes genoux!... toi, à qui j'ai fait un trône de mon amour!... est-il gloire ou grandeur qui te vaille?

(Bruit au dehors.)

LA COMTESSE.

Cette rumeur subite... On vient... on accourt de ce côté.

LE ROI.

Qui oserait?...

LA COMTESSE.

Je suis perdue!...

SCÈNE V.

LES MÊMES, LE PAGE, puis LE COMTE, TRIVULCE, MONTMORENCY.

LE PAGE, entrant en désordre.

Ah! sire! ah! madame!...

LE ROI.

Cet effroi... ce désordre... qu'y a-t-il?...

LE PAGE.

Monseigneur le comte de Châteaubriand, blessé par l'amiral Bonnivet, en combat singulier aux portes du Louvre!

(Le roi et la comtesse se précipitent vers la galerie. Le comte paraît, soutenu par Trivulce et Montmorency, et entouré d'une foule nombreuse. La comtesse pousse un cri, et s'évanouit.)

LE COMTE, réunissant ses forces et arrachant de sa poitrine l'ordre de Saint-Michel, qu'il jette aux pieds du roi, resté muet et interdit.

Ce collier des braves que vous avez changé pour moi en une marque d'infamie, je vous le rends, sire... faites-en la parure d'une courtisane, et placez-le au cou de cette femme.

(Le rideau tombe.)

ACTE TROISIÈME.

PREMIER TABLEAU.

Même décoration qu'au premier tableau du deuxième acte, la scène se passant chez le comte de Châteaubriand.

SCÈNE I.

LE COMTE, étendu sur son lit et dormant; TARTARIN, assis à son chevet; LE PAGE, debout de l'autre côté du lit.

TARTARIN, au page.

Plus bas, enfant! Maître Val a dit, dans sa science d'Esculape, qu'il ne connaissait pas de remède au-dessus du sommeil envoyé par Dieu au malade.

LE PAGE, les yeux fixés sur le comte.

L'horrible blessure!...

TARTARIN.

Et de la main de qui? d'un de ces fanfarons de courage qu'il laissait si loin derrière lui, lorsqu'à la bataille les lances se croisaient et que le canon ouvrait sa gueule rouge et noircie!... Ah! qu'il en revienne, et je fais vœu à Notre-Dame de m'abstenir gaîment de vin et de triomphante chère pendant deux ans!... Mourir à la guerre, bon! nous n'aimons que cette mort-là, nous autres du royaume de France... Mais, après trois semaines de langueur, rendre l'âme entre un frocard et un médecin!... ventrebleu!...

LE PAGE.

Tout espoir serait-il perdu?...

TARTARIN.

Tais-toi, enfant!... Je blasphèmerais Dieu et la Vierge, si la main d'un traître avait épuisé ce sang qu'ont respecté trente ans de batailles... S'il mourait!... oh! s'il mourait, vois-tu!... Je ne suis pas gentilhomme, je n'ai pour écusson que les blessures de ma poitrine; je le sais, l'amiral me frapperait du dos de son épée si j'allais lui demander vengeance! Eh bien!... je l'assassinerais!...

LE PAGE.

Comme vous l'aimez!... Pauvre seigneur de Laval!...

TARTARIN.

Oui, bien à plaindre, lui qui souffre!... mais bien coupable celle qui a causé cette blessure!...

LE PAGE.

Oh! plaignez aussi la pauvre dame de Laval!...

TARTARIN.

Oh! parle, enfant, qu'il me soit encore permis à moi, son vieux serviteur, de garder quelque estime pour elle!...

LE PAGE.

Frappée de l'événement terrible qui avait tout-à-coup jeté le désordre et la consternation au milieu des fêtes du Louvre, transportée mourante dans un appartement du palais, elle reprit bientôt ses sens... O l'affreux délire! que ne l'avez vous vue arrachant, foulant aux pieds sa brillante parure, s'élançant, folle, éperdue, vers la demeure du comte, son époux; puis tombant sur le seuil, pleine de honte et d'effroi!... Elle y revint chaque jour depuis, et sa main glacée ne put heurter à cette porte, et sa voix étouffée ne put crier: Monseigneur, monseigneur, je suis là!

TARTARIN.

Silence!... éloigne-toi!... le capitaine s'éveille... et ton aspect lui rappellerait celle que tu sers.

LE PAGE.

Que lui dirai-je?...

TARTARIN.

Qu'elle attende tout de la miséricorde du ciel, et rien de la pitié de son époux.

(Le page sort.)

SCÈNE II.

LE COMTE, TARTARIN.

LE COMTE, se soulevant et appelant d'une voix faible.

Tartarin?

TARTARIN.

Capitaine?

LE COMTE.

Fidèle à mon chevet!... Si je reviens de cette blessure, ami, tes veilles et tes soins ne seront pas perdus.

TARTARIN.

Si vous en reviendrez!... je gage ma part de paradis que nous vous verrons bientôt fort, plein de santé, reprendre le casque et la rapière.

LE COMTE.

Dieu t'entende!...

TARTARIN.

Ce misérable Bonnivet! comme il a su dans ce duel profiter habilement de la colère qui troublait votre vue, égarait votre bras!...

LE COMTE.

Patience, j'aurai mon tour.

TARTARIN.

Et nous retournerons au manoir de Laval, n'est-ce pas, capitaine?...

LE COMTE.

Où je mourrai bientôt, Tartarin; car il y a là.. (montrant son cœur.) une horrible douleur, une douleur qui ronge et qui tue!...

TARTARIN.

Pauvre capitaine!...

LE COMTE.

Tu seras à mon lit de mort, n'est-ce pas, Tartarin? tu presseras ma main... et, quand le vieux soldat dormira sous la dalle du sépulcre, tu pleureras, n'est-ce pas, mon ami?.. Ah! cette femme!... cette femme!... Mais qu'est-ce que cela?... écoute... des gémissements... des sanglots... Il y a quelqu'un à cette porte...

(Tartarin va ouvrir.)

SCÈNE III.

LES MÊMES, LA COMTESSE.

LA COMTESSE.

Grace et miséricorde, monseigneur!...

LE COMTE.

Tartarin!... cette femme!... cette femme!... va... sa présence me tue!...

LA COMTESSE.

Au nom du ciel, écoutez-moi, monseigneur!... ayez pitié d'une pauvre femme!

LE COMTE.

Qu'elle sorte!... mais qu'elle sorte!... Tartarin, chasse cette femme!...

TARTARIN.

De grace, madame!...

LA COMTESSE.

Non, non!... que j'expire de douleur et d'angoisse à ses pieds!...

LE COMTE.

Sortiras-tu?

LA COMTESSE.

Plutôt la mort!...

LE COMTE, saisit sa dague, qu'il lui lance.

Eh bien! la voilà!...

(La dague jetée d'une main faible va tomber derrière la comtesse.)

TARTARIN, voyant le comte qui chancelle et tombe évanoui.

Du secours!... il se meurt!...

LA COMTESSE.

Mon Dieu!... Tartarin, tiens... (Elle déchire son voile.) Prends, étanche ce sang qui me glace d'horreur!... ce sang, c'est moi qui le fais couler... c'est moi qui ai creusé la tombe qui l'attend peut-être!... Allons, venge ton maître, pas de pitié!... Qu'à son réveil il ne trouve plus qu'un cadavre... ce cadavre, il le foulera aux pieds, sans doute; il le chargera de malédictions; mais je serai morte, et sa parole ne me rendra pas folle de honte et de terreur!...

TARTARIN.

Allons, madame, rassurez-vous!... j'ai remis l'appareil, et nous pouvons attendre l'arrivée du médecin... Tenez!... ses lèvres se colorent, ses yeux vont s'ouvrir... (Baissant la voix.) S'il était permis à un vieux serviteur d'oser vous exprimer un desir...

LA COMTESSE.

Je te comprends!... il ne faut pas qu'il me revoie, n'est-ce pas? ma présence le tuerait... Je sors... que la bénédiction de Dieu qui s'est retirée de moi s'étende sur lui!... Mais, toi... ta conscience est pure... il t'aime... tu es bien heureux!

(Elle sort en sanglotant.)

SCÈNE IV.

LE COMTE, TARTARIN.

LE COMTE, revenu à lui, regardant d'abord autour de la chambre, puis revenant à Tartarin.

Mais qu'as-tu, toi?... ce trouble!... cette émotion...

TARTARIN.

Une scène si cruelle... l'affliction de cette noble dame, si long-temps l'objet de vos hommages... de votre amour.

LE COMTE.

Assez, assez. (Une horloge sonne.) Quelle heure sonne là?

TARTARIN.

Trois heures à la tour de Nesle, capitaine.

LE COMTE.

Trois heures!... la journée s'avance, et personne ne me vient visiter!... Depuis que cette femme a mis un sceau d'ignominie à ma porte, pas un gentilhomme qui se sente le courage d'en franchir le seuil!...

SCÈNE V.

LES MÊMES, SAINT-POL et VENDOME.

SAINT-POL.

Vous vous trompez, seigneur comte.

LE COMTE.

Ah! soyez les bienvenus, messeigneurs!

VENDOME.

Dieu soit loué, messire! votre blessure n'a pas été mortelle.

LE COMTE.

Oserai-je m'enquérir du motif qui vous amène?

SAINT-POL.

Un bien triste message!

LE COMTE.

Je suis prêt à vous entendre, messeigneurs! Des siéges, Tartarin.

(Saint-Pol et Vendôme s'asseyent; le comte les écoute, la tête appuyée sur son coude, Tartarin se tient à l'écart.)

SAINT-POL.

Vous n'avez pas oublié quelles étaient les conditions du combat à outrance entre vous et le sire de Bonnivet? nous venons ici réclamer de votre loyauté le prix de sa victoire, et emporter votre épée.

LE COMTE.

Qu'avez-vous dit, messeigneurs!... moi, rendre mes armes à Bonnivet! moi, comte de Châteaubriand, seigneur de Laval, du Tremblay, du Maine et du Quercy!... j'irais rendre au plus vil des courtisans cette épée qui assista à vingt batailles, qui se rougit tant de fois du sang des ennemis de mon pays!... Ah! si vous l'avez cru, messires, l'erreur est grande.

VENDOME.

Seigneur de Laval, la loi du combat est sacrée.

LE COMTE.

La loi du combat permet à qui préfère la mort à l'opprobre de redescendre dans la lice, et j'y redescendrai!... Oh! ce n'est pas assez pour ce Bonnivet de mon sang et de ma large blessure, il lui faut encore mon honneur que cinq cents ans de noblesse n'ont jamais vu flétrir... il lui faut ces armes que de fiers et hardis gentilshommes ont portées à Créci, Poitiers, Azincourt, Fornoue et Ferrare! Non, non, messires, jamais!... qu'il se prépare à me recevoir la dague au poing!

SAINT-POL.

Or donc, nous, François de Bourbon, comte de Saint-Pol et de Chaumont, prince du sang, et duc de Vendôme, aussi prince du sang, en notre qualité de parrains dudit combat, et sur votre refus de livrer vos armes, vous ordonnons à vous, comte de Châteaubriand, seigneur de Laval, du Maine, du Quercy et du Tremblay, de vous rendre en champ clos, armé de toutes pièces, pour y combattre jusqu'au dernier soupir.

TARTARIN.

Ah! messeigneurs, c'est une horrible cruauté que de vouloir faire tuer, par un chevalier plein de force et de vigueur, un pauvre gentilhomme tout épuisé de sang et de douleur! Mais, capitaine, votre blessure n'est pas fermée, j'aperçois du sang!...

LE COMTE.

Oh! ce n'est rien!... mon épée!... ma dague... je ne veux pas d'autres armes.

TARTARIN.

Prenez au moins ce gorgerin.

LE COMTE.

Non... la poitrine nue. (Tartarin essuie quelques larmes à la dérobée.) Tu pleures, vieux soldat?

TARTARIN.

Je n'aurais pas pleuré si vous étiez mort à Fornoue, Aignadel, Ferrare ou Marignan.

LE COMTE.

Merci, merci, mon brave, de me rappeler ces noms-là!... je redeviens fort en face de mes souvenirs de gloire... Partons, partons, messeigneurs.

TARTARIN, au comte qui s'est levé.

Votre front pâlit... vos jambes chancellent...

LE COMTE.

Soutiens-moi, soutiens-moi, Tartarin, que je sorte d'ici... Ah! venez, venez, messeigneurs!

(Il fait quelques pas, et tombe épuisé; Tartarin le relève, et le soutient dans ses bras.)

SAINT-POL.

Seigneur de Laval, le ciel, en rendant impossible le combat à outrance, vient de prononcer entre vous et votre adversaire... en franc et loyal gentilhomme, obéissez au jugement du ciel... Vos armes!

LE COMTE fait un effort sur lui-même, et tire son épée, qu'il embrasse avec des larmes et des sanglots.

Adieu, ma bonne épée... Quand mon père mourant te remit entre mes mains, j'étais jeune alors, je jurai à ses pieds que, jusqu'à mon dernier soupir, tu soutiendrais sa gloire!... Adieu, ma bonne épée, un baiser d'éternel adieu! (La remettant aux comtes de Saint-Pol et Vendôme.) Emportez-la, messeigneurs! et que mon sang retombe un jour sur celle qui me vaut tant d'infamie!

(Il se couvre la figure de ses mains.)

DEUXIÈME TABLEAU.

Le théâtre représente une vaste salle tapissée de noir; à droite, un prie-dieu surmonté d'un Christ; au lever du rideau, la comtesse, vêtue de blanc, est agenouillée sur le prie-dieu. Une obscurité assez profonde règne sur la scène, qui n'est éclairée que par la pâle lueur d'une lampe.

SCÈNE I.

LE CHAPELAIN, entrant par le fond, et LA COMTESSE, endormie.

LE CHAPELAIN.

Elle dort... le bruit de mon entrée ne l'a pas réveillée. (S'approchant.) Sa main serre encore convulsivement les grains d'un rosaire... Pauvre femme! tu n'as plus pour toi que les illusions du rêve, car la vengeance veille autour de cette lugubre chambre. Naguère ta vie était douce et calme... Ta tête, parée de toutes les graces de l'âge et de la beauté, s'élevait haute et fière parmi les épouses des gentilshommes... L'orage a grondé sur un horizon si pur, et cette vie, frappée comme par la foudre, languit et s'incline vers la tombe.

LA COMTESSE, se réveillant.

Mon Dieu! que ce rêve est affreux! (Regardant autour d'elle.) Oh! non, ce n'est pas un rêve; voilà bien ces images de mort dont sa vengeance m'entoure.

LE CHAPELAIN.

Ma fille...

LA COMTESSE.

Sauvez-moi, mon père! sauvez-moi!... c'est un horrible supplice.

LE CHAPELAIN.

Rassurez-vous, ma fille!

LA COMTESSE.

O mon père! vous ne m'abandonnez pas, vous!... Quand le monde entier me quitte, que Dieu même est sourd à mes prières, vous le plus saint des hommes, vous achevez votre ouvrage, vous m'aidez à mourir.

LE CHAPELAIN.

Non, vous ne mourrez pas, ma fille, grace au ciel, qui veut que je vous porte d'heureuses nouvelles.

LA COMTESSE.

D'heureuses nouvelles!... ah! dites... le seigneur comte...

LE CHAPELAIN.

N'espérez rien de lui, ma fille... sa vengeance est immuable; mais apprenez que le roi est en ces lieux.

LA COMTESSE.

Le roi! est-il possible?

LE CHAPELAIN.

Vous savez que l'épouse du roi, défunte depuis un mois, a passé sa jeunesse dans le manoir qui regarde le château; en allant en Italie, le roi François a voulu poser lui-même la première pierre d'un monument funèbre qu'il fait élever à sa mémoire.

LA COMTESSE.

O mon père, c'est le ciel qui l'envoie pour me sauver... Je vais lui écrire, lui apprendre l'affreux supplice que la vengeance du seigneur comte me fait endurer.

LE CHAPELAIN.

Hâtez-vous! les moments sont précieux... Je me charge de la lettre. (Elle écrit.) Mon Dieu! pardonnez! c'est pour la sauver. Mais il faut que le roi arrive avant la fin du jour, car je crains tout pour cette nuit.

LA COMTESSE.

Prenez, mon père... oh! il va venir... Notre seigneur le roi est un loyal chevalier... C'est pour lui que je souffre. Allez, mon père.

LE CHAPELAIN.

Courage, ma fille! Fasse le ciel que j'arrive à temps!

(Il sort.)

SCÈNE II.

LA COMTESSE, seule.

Oh! la vie, le bonheur, tout revient. (Se jetant à genoux.) Merci, mon Dieu!... Oh! mourir si jeune, quand on sent, au fond de son ame, un besoin de vivre qui dévore... mourir à vingt ans... Mourir chaque jour, à chaque instant, rouler d'angoisses en angoisses... deviner autour de soi les apprêts de son supplice, ne voir que de hideuses figures, n'entendre que des paroles funèbres... vous n'avez pas voulu tout cela, mon Dieu!... oh!... l'air, la liberté, les riantes campagnes, le monde, tout enfin!... (Voyant entrer le comte.) Il est trop tard!

SCÈNE III.

LE COMTE, LA COMTESSE.

LE COMTE.

Femme, quand les sires de Lautrec et Odet de Foix voulurent par notre hyménée unir leurs armes aux miennes; quand le prêtre nous bénit, toi, debout et la main sur le corps de notre Dieu, tu me juras fidélité... Femme, tu as foulé du pied ton serment, et flétri les hautes maisons de Foix et de Laval... Tu vas mourir.

LA COMTESSE.

Je vous attendais, monseigneur, et la victime est prête... Votre vengeance a été longue à aiguiser son poignard... quelques jours de plus, et le supplice de l'attente vous délivrait d'une triste mission... Maintenant, monseigneur, merci d'être venu vous-même... Je craignais que vous n'envoyassiez à la fille de la puissante maison de Foix quelque valet pour bourreau... Grand merci! une main noble versera un sang plus noble encore...

LE COMTE.

N'avez-vous rien à dire à Dieu, madame?

LA COMTESSE.

Une prière, monseigneur, une seule, et je suis prête...

(Elle s'agenouille près le prie-dieu.)

LE COMTE, à part.

C'est bien! la mort ne la fait pas trembler... le sang de ses veines ne s'est pas glacé... c'est bien!

LA COMTESSE, se relevant et s'agenouillant aux pieds du comte.

Maintenant, monseigneur, pardonnez-moi les cruelles douleurs dont j'ai flétri votre ame; Dieu m'est témoin que j'ai toujours voulu pour vous une vie calme et des jours heureux... Une destinée plus forte m'a poussée... du seuil de la tombe, monseigneur, ma voix demi-morte vous crie : Pardonnez! Puis je mourrai contente, et mon dernier soupir vous bénira! (Le comte laisse tomber son poignard, et cache sa tête dans sa main.) (A part.) Il est ému... inspirez-moi, mon Dieu! (Haut.) O monseigneur, j'ai cruellement souffert aussi, et le sillon creusé par mes larmes a flétri mes joues... c'est que l'agonie a duré bien long-temps, et, dans cette affreuse solitude, le chagrin a brûlé mes jours et mes nuits; le chagrin et le remords... Hélas! monseigneur, votre poignard ne creusera pas bien avant dans mon cœur, et le sang ne tachera pas votre main... ce sang est épuisé, les veilles cruelles et l'horrible supplice de cette prison l'ont bu goutte par goutte... Oh! patience, monseigneur, si votre main ne me frappe, le malheur m'achèvera bientôt... Oh! regardez-moi, monseigneur... voyez; mes yeux sont ternes et mourants, mes joues caves et flétries... C'est que les sources de la vie sont épuisées dans mon ame, c'est que j'ai cruellement souffert, monseigneur!

LE COMTE, laissant retomber sa tête.

Et moi aussi j'ai souffert horriblement!

LA COMTESSE.

Oh! oui... cette horrible blessure... O mon Dieu!... et c'est moi qui ai fait verser ce sang pour lequel j'aurais donné le mien, et c'est moi qui ai fait cette plaie que j'aurais voulu fermer avec mes lèvres, car vous n'avez rien su, monseigneur... Hélas! chaque jour je me trainais gémissante au seuil de votre porte; chaque jour, monseigneur... je m'agenouillais sur ce seuil, invoquant votre pitié, et priant avec des larmes et des sanglots; et, quand les gentilshommes de cette cour me voyaient ainsi dans ma désolation, ils riaient ou me flétrissaient de votre pitié, et quand, lassé de mes cris et de mes sanglots, votre vieil ami entr'ouvrait cette porte, je me roulais à ses pieds, demandant à vous voir et à mourir sous vos yeux, à expier mon crime de tout mon sang.

LE COMTE, dont l'émotion a été croissante.

Ah! madame, Dieu pleurerait à vous entendre... et moi... Oh! dans mes bras... (La comtesse s'y précipite; ils se tiennent long-temps serrés.) Eh bien! je te pardonne et du fond de mon ame.

LA COMTESSE.

Vous, monseigneur?

LE COMTE.

Vois-tu, tes maux étaient devenus les miens : à chaque nouvelle cruauté, décrétée par ma colère, une main invisible me frappait à l'ame... Souvent je me suis arrêté à cette porte, écoutant tes gémissements, cherchant à te voir; et, quand un rayon de lumière éclairait tes traits pâles et flétris, je fuyais, je me cachais, je me courbais, comme sous le coup d'une malédiction; je fermais les yeux pour éviter je ne sais quels regards vengeurs et étincelants qui me poursuivaient dans l'ombre : que te dirai-je, enfin? C'était une lutte horrible, acharnée... Jetons sur le passé le linceul de l'oubli; anathème à qui le soulèvera, anathème aux courtisans de François Ier, et à François Ier, lui-même, s'il osait jamais...

LA COMTESSE.

Ah! monseigneur.

LE COMTE.

Mais qu'ai-je dit? plus une pensée qui n'appartienne à ton bonheur, plus une parole qui ne soit destinée à te peindre mon dévouement. Tu n'as que vingt ans, et la vie est belle encore, et l'horizon est large pour toi. Je suis vieux, moi, et je ne veux pas que, dans le peu de jours qui me restent à vivre, il s'en trouve un seul où revivent de cruels souvenirs.

LA COMTESSE.

Pardon!... pardon, monseigneur! la joie, une joie folle... ardente... la voix me manque, et je tombe à vos pieds.

LE COMTE.

Debout, comtesse de Châteaubriand! reprenez votre rang et votre éclat! que ce château cesse de peser sur vous de ses murs noirs et sombres, de ses tristes solitudes : ces lugubres tentures vont faire place à de riches et splendides ornements. Il nous faut des fleurs, une fête, des cris de joie et de bénédiction qui portent jusqu'aux cieux la nouvelle de notre bonheur; car, j'en jure Dieu, cette journée sera la plus belle de ma vie!... Ah! dans mes bras!...

(La comtesse, ivre de joie, se précipite dans les bras du comte.)

SCÈNE IV.

LES MÊMES, TARTARIN.

TARTARIN, entrant vivement.

Capitaine?

LE COMTE.

Qu'est-ce que cela?

TARTARIN.

Un message de la part du roi, qui se présente en personne aux portes du château avec une nombreuse suite de chevaliers et d'hommes d'armes.

LA COMTESSE, à part, et pleine d'effroi.

Le roi!...

LE COMTE, prenant le message et brisant le cachet.

« Seigneur de Laval, il y a perfidie et cruauté « à traiter comme vous le faites l'illustre héri- « tière de Foix! Au nom de la noblesse de Fran- « ce, je vous somme de la rendre à la liberté; « ou, Dieu aidant, je saurai vous y contrain- « dre. » (A la comtesse.) Qui l'a instruit et appelé, madame?... (La comtesse se détourne et cache sa tête dans ses mains.) Tartarin?...

TARTARIN.

Capitaine?...

LE COMTE.

Mes ennemis sont les tiens?

TARTARIN.

Toujours et par-tout!

LE COMTE.

Fais donc clore les portes du château, et, jusqu'à la dernière épée, jusqu'à ton dernier sang, défends-les.

(Tartarin sort en brisant le fourreau de son épée.)

SCÈNE V.

LE COMTE, LA COMTESSE.

LE COMTE.

A genoux!... oui, oui, à genoux, maintenant, maîtresse de François de Valois, la courtisane du Louvre, qui a brisé mon blason comme un hochet de femme, qui m'a forcé de remettre aux mains d'un spadassin mon épée de bataille, et pour qui, dans un instant, ce château de mes ancêtres ne sera plus qu'un monceau de ruines! (Bruit d'armes.) Il faut que le premier pas de ton amant vainqueur heurte en passant ton cadavre.

(Il ressaisit son poignard.)

LA COMTESSE.

Monseigneur, grace, pitié!... ne me tuez pas, monseigneur!

(Le tumulte augmente au dehors, plusieurs soldats traversent en fuyant.)

LE COMTE.

Rage et désespoir! tout cède, tout fuit!!

SCÈNE VI.

LES MÊMES, TARTARIN.

TARTARIN, pâle, blessé, un tronçon d'épée à la main.

Il n'était plus temps, le château était forcé, et je meurs.

(Il expire.)

LE COMTE, à la comtesse.

C'est le dernier sang que tu feras verser!

LA COMTESSE, épouvantée, se réfugie aux pieds du Christ de son prie-dieu.

Dieu me protége!

LE COMTE.

Parjure et adultère, Dieu te condamne.

LA COMTESSE.

Du secours! du secours!

LE COMTE.

Cris inutiles, il faut mourir!

(Frappée au cœur, la comtesse tombe et roule aux pieds du comte.)

SCÈNE VII.

TOUS LES PERSONNAGES, LE PAGE, EDITH.

(Tout le monde s'arrête et recule frappé d'horreur à la vue du cadavre.)

LE ROI.

Morte! frappée par vous!... Oh! seigneur comte, craignez la justice du roi, elle sera terrible!

LE COMTE.

Y a-t-il une justice contre le roi qui flétrit l'honneur d'un chevalier?... Je l'ai tuée de cette main qui sauva le roi de France; je l'ai tuée, parceque vos lèvres lui avaient imprimé au front une sentence de mort... Et maintenant, mes gentilshommes, allez dire à vos filles et à vos femmes ce que vous avez vu!!

FIN DE LA DAME DE LAVAL.

PARIS. — IMPRIMERIE NORMALE DE JULES DIDOT L'AINÉ,
nº 4, boulevart d'Enfer.

www.ingramcontent.com/pod-product-compliance
Lightning Source LLC
LaVergne TN
LVHW052031160826
845678LV00003B/1283

* 9 7 8 2 3 2 9 6 2 4 7 0 9 *